PIĘĆ SIŁ PORTERA

Zrozumieć siły konkurencji i wyprzedzić konkurencję

50MINUTES.com

PIĘĆ SIŁ PORTERA

Zrozumieć siły konkurencji i wyprzedzić konkurencję

napisany przez Stéphanie Michaux
przetłumaczony przez Kâmil Kowalski

50MINUTES.com

PIĘĆ SIŁ PORTERA

KLUCZOWE INFORMACJE

- **Nazwa:** Pięć sił Portera

- **Zastosowanie:** analiza otoczenia konkurencyjnego danej branży

- **Dlaczego jest to skuteczne rozwiązanie?** Dzięki temu modelowi możesz:

  - rozumieć branżę i charakter relacji między różnymi uczestnikami rynku, na którym prosperuje firma;

  - zidentyfikować czynniki wydajności i oddziaływania sektora;

  - oszacować, jak zmiany zachodzące w danej branży mogą oddziaływać na jej rentowność.

- **Słowa kluczowe:**

  - <u>Konkurencja</u>: istotny aspekt rynku charakteryzujący się tym, że firmy, które są na nim pozycjonowane, toczą ze sobą swoistą walkę o posiadanie największego udziału w rynku.

  - <u>Przewaga konkurencyjna</u>: wartość tworzona przez firmę i postrzegana przez klientów, która odróżnia ją od innych uczestników branży i przynosi lepszą rentowność, siła różnicująca w negocjacjach.

  - <u>Koncentracja przemysłu</u>: siła niektórych uczestników w określonych sektorach. Jeśli tylko kilka firm dzieli rynek, mówi się, że branża jest skoncentrowana.

- <u>Rentowność</u>: stosunek inwestycji początkowej do osiąganych wyników finansowych.

- <u>Strategia</u>: określenie zestawu działań, które należy podjąć i zasobów, które należy wykorzystać, aby osiągnąć cele początkowo ustalone w długim okresie i zbieżne w kierunku stworzenia unikalnej i pożądanej pozycji w konkurencyjnym otoczeniu.

- <u>Koszty przeniesienia</u>: nazywane również „kosztami zmiany", są to zasoby, które zostaną koniecznie zainwestowane podczas przejścia z jednego systemu/procesu/technologii itp. na inny.

WPROWADZENIE

Z tego względu, że wszystkie firmy rozwijają się w konkurencyjnym środowisku, różnicowanie stało się sprawą nadrzędną, a czasem wręcz kluczową. Oprócz ciągłej ostrożności, aby nie stracić udziału w rynku już zdobytego dla strategicznej jednostki biznesowej (SBU), firma musi stale potwierdzać swoje różnice, aby utrzymać i stworzyć własną przewagę konkurencyjną.

Opracowany w 1979 r. przez Michaela E. Portera (ur. w 1947 r.), profesora strategii biznesowej na Harvardzie, model pięciu sił pozwala kierownictwu biznesowemu przewidywać trendy w branży i zmiany w konkurencji, aby wpływać na nie poprzez dokonywanie strategicznych wyborów, które pozwolą im uzyskać lub utrzymać przewagę konkurencyjną.

Definicja modelu

Model pięciu sił jest podstawowym narzędziem pozwalającym zrozumieć strukturę konkurencji w danej branży. To proste narzędzie analityczne jest skuteczne w identyfikacji konkurentów - w szerokim znaczeniu - firmy, ale także w zrozumieniu, w jaki sposób mogą oni zmniejszyć jej zdolność do generowania zysków.

Kompleksowa analiza bada pięć sił: siłę przetargową klientów, siłę przetargową dostawców, zagrożenie produktami substytucyjnymi, zagrożenie nowymi podmiotami oraz konkurencję wewnątrz branży. Pierwsze cztery elementy działają niezależnie od siebie, jednocześnie intensyfikując rywalizację wewnątrz branży.

TEORIA

Przez całe lata 70. Michael E. Porter napisał i opubliko-wał serię artykułów poświęconych strategii, które dopro-wadziły do wydania książki *Competitive Strategy: Techniques for Analyzing Industries and Competitors*, biblii strategii, która od tego czasu została przetłumaczona na 19 różnych języków. W książce tej opracował on potężny model, który zrewolucjonizował teorię, prak-tykę, a także nauczanie strategii w aspekcie globalnym: model pięciu sił.

Podejście to skupia się na różnych siłach, które kształ-tują i wpływają na środowisko konkurencyjne danej branży. Ze strategicznego punktu widzenia ta technika analizy jest kluczowa dla określenia pozycjonowania firmy na rynku, ale także dla walki z konkurencją. Konieczne jest wyraźne określenie:

* relacje firmy z pozostałymi podmiotami branży, w tym:

    o klienci

    o dostawcy

    o producenci substytutów

    o potencjalni nowi uczestnicy rynku

    o konkurenci

* a tym samym pięć sił:

    o siła przetargowa klientów

- siła przetargowa dostawców

- zagrożenie substytutami

- zagrożenie ze strony nowych podmiotów

- rywalizacja wewnątrzbranżowa.

SIŁA PRZETARGOWA KLIENTÓW

Wpływ klientów w konkurencyjnym środowisku zależy od ich zdolności do negocjacji. Może to w rzeczywistości zmusić przedsiębiorstwa do redukcji cen, żądania większej jakości lub dodatkowych usług, a nawet wykorzystania konkurencji między różnymi podmiotami. Czyniąc to, konsumenci bezpośrednio wpływają na rentowność rynku, ponieważ mają wpływ na koszty produktu.

Klienci mają jeszcze większą moc, jeśli:

- jest tylko kilku klientów lub kupują oni duże ilości;

- produkty dostępne na rynku są ustandaryzowane i niewiele różnią się od produktów konkurencyjnych;

- koszt transferu od jednego dostawcy do drugiego jest niski;

- mogą bezpośrednio zintegrować działania dostawcy z własnym łańcuchem produkcyjnym.

SIŁA PRZETARGOWA DOSTAWCÓW

Podobnie dostawcy mogą oddziaływać na rentowność przedsiębiorstwa, narzucając własne warunki (w zakresie kosztów lub jakości) w taki sam sposób jak klienci.

Siła dostawców jest znacząca, gdy:

- są szczególnie skoncentrowani lub znajdują się w sytuacji monopolu;

- mają wielu klientów z różnych branż;

- koszt transferu jest wysoki;

- oferują różnorodną gamę produktów i nie mają substytutów dla tego, co oferują;

- są w stanie włączyć więcej działań do swojej podstawowej działalności w dalszej części łańcucha dostaw.

Dostawcy mają bezpośrednią władzę nad przemysłem poprzez (re)negocjowanie warunków kontraktu między sobą a swoimi klientami (firmami) oraz poprzez ciągłe poszukiwanie najlepszych cen.

ZAGROŻENIE SUBSTYTUTAMI

Substytuty stanowią alternatywę dla istniejącej oferty w danym sektorze. Odpowiadają na podobne potrzeby w inny lub innowacyjny sposób. Na przykład e-mail jest substytutem zwykłej poczty, tak jak MP3 jest substytutem Walkmana.

Obecne w każdej branży substytuty stają się realnym zagrożeniem, gdy:

- oferują lepszą jakość;

- koszt przejścia na substytut jest niski;

- cena substytutu jest niższa.

Ogólnie rzecz biorąc, substytuty stanowią zagrożenie poprzez zdobywanie udziału w rynku i wywieranie presji na kształtowanie cen.

ZAGROŻENIE ZE STRONY NOWYCH PODMIOTÓW

Nowe podmioty wstrząsają rynkiem, osiągając niezajętą wcześniej pozycję, poprzez dostarczanie większej wartości nowym konsumentom. Ich dążenie do zdobycia nowego udziału w rynku zwiększa presję na ceny i politykę w zakresie kosztów i stopy inwestycji.

Zagrożenie ze strony nowych podmiotów jest silniejsze, gdy:

- nie ma patentów chroniących technologie, co pozwala na łatwy dostęp do nich;

- bariery wejścia na rynek i wymagania kapitałowe są bardzo niskie;

- korzyści skali są słabe;

- istnieje niewiele barier kulturowych;

- koszty wymiany dla klienta są niskie;

* firmy już istniejące w tym sektorze nie mają zbyt silnego wizerunku marki;

* klienci niekoniecznie są lojalni wobec firm, które ich zaopatrują;

* prawdopodobieństwo zemsty ze strony podmiotów mających już ugruntowaną pozycję na rynku jest niewielkie;

* rząd zapewnia wsparcie i dotacje dla nowych podmiotów.

 ## BARIERY WEJŚCIA NA RYNEK

W ramach danej branży wyrażenie „bariera wejścia" oznacza poziom trudności - ze względu na naturalne lub sztuczne przeszkody - z jakimi musi się zmierzyć podmiot, który chce wejść do danej branży, zwłaszcza pod względem wymaganych inwestycji początkowych. Sztuczne przeszkody mogą być stawiane przez graczy już istniejących na rynku. Wysokie bariery wejścia na rynek gwarantują pierwotnym graczom pewną ochronę przed nowymi uczestnikami rynku.

Jeśli chodzi o bariery wyjścia, to mają one charakter psychologiczny, gdyż dotyczą, w przypadku klienta, wysiłku potrzebnego do opuszczenia sfery oddziaływania danego produktu i wejścia w sferę oddziaływania innego produktu.

WEWNĄTRZBRANŻOWA RYWALIZACJA

W centrum modelu znajduje się wewnętrzna rywalizacja sektora, na którą można oddziaływać i oceniać pozostałe siły modelu. Konkurenci nieustannie walczą wewnątrz sektora, aby zwiększyć lub po prostu utrzymać swoją pozycję w tej dziedzinie. Wewnętrzna rywalizacja może przybierać różne formy i skutkować takimi działaniami jak:

- redukcja cen;

- wprowadzenie nowych produktów;

- kampanie reklamowe;

- doskonalenie asortymentu produktów i usług.

Intensywność konkurencji zależy od liczby firm funkcjonujących w danym sektorze, ich wielkości i skali udziału w rynku. Może ona wzrosnąć, jeśli:

- sektor nie jest skoncentrowany, tzn. gdy konkurenci są liczni i mają porównywalną wielkość;

- tempo wzrostu przemysłu jest słabe;

- bariery wejścia na rynek są niskie i/lub bariery wyjścia są wysokie;

- stopień zróżnicowania produktów jest niski;

- koszty stałe są wysokie.

Konfiguracja pięciu sił jest odmienna dla każdej branży. W zależności od intensywności, hierarchii i dynamiki tych sił, możliwe będzie określenie krytycznych czynników sukcesu (CSF), czyli elementów strategicznych, nad którymi należy uzyskać kontrolę, aby zapewnić trwałą przewagę nad konkurencją.

Im bardziej intensywne siły, tym mniejsze pole manewru mają firmy: prezentują mniej atrakcyjny zwrot z inwestycji. I odwrotnie, im słabsze siły, tym bardziej zyskowne będą firmy, ponieważ są chronione przed swoimi konkurentami. Dlatego kluczowe jest inwestowanie w działania korzystające z trwałej przewagi konkurencyjnej, aby zapewnić rentowność projektu i umożliwić firmie utrzymanie marży i udziału w rynku.

Stąd też wyniki firmy będą zależały od jej zdolności do walki z tym konkurencyjnym otoczeniem i wpływania na nie.

OGRANICZENIA I ROZSZERZENIA

Kluczowy wkład Portera polega na klasyfikacji różnych czynników ekonomicznych, które oddziałują na zyski danej branży, w modelu obejmującym integrację pionową łańcucha wartości, a także konkurencję w obrębie rynku.

Niemniej jednak model Portera ma również ograniczenia i może być krytykowany z kilku powodów.

OGRANICZENIA I KRYTYKA

Słaby i niekompletny model

W wielu artykułach i publikacjach naukowych zakwestionowano zasadność stosowania pięciu sił Portera. Wśród najczęstszych krytyk znajdujemy:

- **Niedocenianie możliwości.** Skupiając się jedynie na istniejących i przyszłych zagrożeniach oraz obronie udziału w rynku, model pięciu sił pozostawia bardzo mało miejsca na analizę szans w obrębie rynku. Nie uwzględnia on dynamiki interakcji i ewentualnego partnerstwa pomiędzy graczami w danej branży.

- **Przeoczenie kreowania wartości.** W swoim modelu Porter skupia się przede wszystkim na barierach wejścia i strukturze rynku, aby zapewnić wyższe niż przeciętne zyski. Jednak czyniąc to zaniedbuje centralną koncepcję kreowania wartości dla klientów oraz rozwoju nowych produktów i usług w firmie.

- **Pierwszeństwo branży.** Koncentrując swoje podejście na strukturze branży, model Portera wykazuje się identycznością dla wszystkich aktywnych konkurentów na tym samym rynku. Dlatego w rozszerzonej analizie konkurencji konieczne staje się uwzględnienie innych parametrów - np. mocnych stron i kluczowych kompetencji aktywnych organizacji w branży. Firmy mogą bowiem zajmować unikalne i godne pozazdroszczenia pozycje w obrębie swojego rynku, pozycje, które mogą izolować je od pewnych sił.

- **Przeoczenie zmienności popytu.** Model Portera ignoruje czynniki, które mogą oddziaływać na popyt. Nie uwzględnia więc zasad ekonomicznych, takich jak zmiany dochodów czy gustów konsumentów.

- **Analiza jakościowa.** Poprzez swój jakościowy charakter model Portera nie pozwala na dokładne oszacowanie natężenia sił. Na przykład, choć zastosowanie modelu może sugerować, że zagrożenie ze strony nowych podmiotów jest wysokie, nie oferuje on narzędzia pozwalającego obliczyć prawdopodobieństwo tych wejść. Z tego powodu model jest szczególnie przydatny do identyfikacji trendów i zmian w obrębie danego sektora.

Przestarzały model

Inni analitycy ośmielają się również twierdzić, że model pięciu sił jest nie do pogodzenia ze zglobalizowaną gospodarką i rozwojem innowacyjnych technologii. Zgodnie z wizją strategii opartej na konkurencji i znaczeniu barier wejścia, model ten jest podważany przez obecną gospodarkę, która pozostawia miejsce dla nowych podmiotów w różnych formach i jest regularnie odnawiana. W ostatnich latach wielokrotnie byliśmy świadkami unieważnienia przewagi konkurencyjnej dużych przedsiębiorstw z powodu radykalnych innowacji. Na przykład Kodak, niegdyś lider w branży fotografii profesjonalnej, został zmuszony do złożenia wniosku o upadłość w styczniu 2012 roku.

Podobnie model pięciu sił Portera nie uwzględnia synergii i współzależności portfeli biznesowych dużych firm, które występują w zglobalizowanej gospodarce.

POWIĄZANE MODELE I ROZSZERZENIA

Pięć sił Portera (+1)

Oryginalny model Portera można uzupełnić o szóstą siłę, której wpływ jest dalece nieistotny: władze publiczne. W tym przypadku odnosimy się do modelu pięciu (+1) sił.

Chociaż rząd nie został uwzględniony w pierwszym modelu, z wyjątkiem formy dostawcy lub klienta, należy go jednak wziąć pod uwagę ze względu na jego rolę regulacyjną. W istocie, firmy stające naprzeciw siebie na rynku są zmuszone do dostosowania się do ram prawnych właściwych dla każdego terytorium geograficznego. W ten sposób parametry takie jak normy i przepisy, podatki lub stosunki dyplomatyczne utrzymywane przez państwo również mają wpływ na kształtowanie się rynku.

W swojej najnowszej pracy Porter odrzuca takie rozszerzenie modelu. Według niego rząd nie może być traktowany jako siła, ale jako czynnik. Najlepszym sposobem zrozumienia wpływu rządu na gospodarkę jest analiza tego, jak działania podejmowane przez władze publiczne w danym państwie mogą oddziaływać na pięć sił.

Podobnie jak w przypadku władz publicznych, Porter podkreśla również znaczenie „suplementów". Są to produkty i usługi wykorzystywane w sposób komplementarny do produktów oferowanych przez badaną branżę. Suplementy są istotne, gdy korzyść z połączenia dwóch produktów jest większa niż wartość każdego z nich osobno. Mogą one odgrywać istotną rolę, szczególnie w obszarze nowych technologii (np. specyficzne oprogramowanie w branży telekomunikacyjnej), ponieważ wpływają na popyt.

PRAKTYCZNE ZASTOSOWANIE

PORADY I NAJWAŻNIEJSZE WSKAZÓWKI

Aby skutecznie analizować charakter branży, warto przestrzegać określone etapy.

Zdefiniowanie badanej branży

Aby zdefiniować branżę, musimy skupić się na dwóch kluczowych elementach: produktach i obszarze geograficznym. Jakie produkty należy wziąć pod uwagę w tej analizie? Które produkty należy pominąć, ponieważ należą do innej branży? Na jakim obszarze geograficznym działają konkurenci?

Określenie elementów składowych modelu

Następnie należy zidentyfikować każdą z sił poprzez pytania, które są specyficzne dla każdej z nich. Odpowiedzi na nie pozwolą na określenie trendów, a także zagrożeń, które one reprezentują. Ważne jest, aby odpowiedzieć na te pytania w dwóch etapach, aby zobaczyć obecną sytuację i przewidzieć przyszły trend.

Klienci lub grupy klientów

- W jakim stopniu branża moich klientów jest skoncentrowana?

- Jaka jest wielkość zakupów dokonywanych przez te grupy klientów?

- Czy mogą zwrócić się do substytutów?

- Czy dokonują określonych inwestycji, aby ułatwić transakcje z określonymi partnerami?

- Czy rzeczywiście grozi im integracja działalności produkcyjnej w dół rzeki?

- Czy ceny mogą być negocjowane między klientami i dostawcami dla każdego zamówienia?

Dostawcy

- Czy branża dostawców jest bardziej skoncentrowana niż branża badana?

- Jaka jest wielkość zakupów dokonywanych przez badaną branżę?

- Czy firmy z mojego sektora dokonują określonych inwestycji, aby wspierać transakcje z tymi dostawcami?

- Czy grozi im integracja w górę łańcucha?

- Czy są zmuszeni do podnoszenia cen?

- Czy łatwo im znaleźć nowych klientów?

- Czy marki moich dostawców są silne?

Istniejący konkurenci

- Jaka jest struktura konkursu?

- Jaki jest stopień zróżnicowania produktów?

- Jakie są cele strategiczne konkurentów?

- Jaka jest dynamika wzrostu sektora?

- Jaka jest struktura kosztów badanej branży?

- Jak bardzo skoncentrowani są sprzedawcy?

- Czy istnieją znaczące różnice w kosztach pomiędzy konkurentami?

- Czy firmy mogą łatwo dostosować swoje ceny?

- Czy istnieją jakieś bariery dla wyjścia z domu?

- Czy cena popytu jest regulowana?

- Czy konkurenci mają nadmiar mocy produkcyjnych?

Substytuty

- Czy te produkty są dostępne? Czy jest ich duża ilość?

- Jaki jest postrzegany stosunek ceny do jakości tych produktów?

- W jakim stopniu cena popytu jest elastyczna?

- Czy są jakieś suplementy?

- Jaki jest ich stosunek ceny do jakości?

Nowe podmioty

- Jakiego kapitału potrzebują, aby wejść na rynek?

- Czy istnieją znaczne korzyści skali?

- Jaki jest poziom wizerunku ich marki?

- Czy mają łatwy dostęp do sieci dystrybucji?

- Czy mają łatwy dostęp do surowców?

- Czy mają łatwy dostęp do odpowiedniej technologii?

- Czy są one wspierane przez władze publiczne?

- Jaki jest ich cel?

Konieczne jest uszeregowanie poszczególnych sił tak, aby powstały model był dostosowany do badanej branży.

Zidentyfikuj czynniki napędzające każdą z sił i określ stopień ich intensywności

Każda z sił musi być poddana w wątpliwość: czy jest na tyle wpływowa, by oddziaływać na branżę, zmniejszając lub zużywając zyski? Waga tych sił pozwala określić zdolność firmy do osiągania zysków. Im większe jest natężenie tych 5 lub 6 sił, tym bardziej ograniczone będą możliwości osiągania zysków, ponieważ rynek zostanie uznany za stagnacyjny. I odwrotnie, jeśli siły te są słabe, teoretycznie możliwe jest generowanie znacznych marż.

Należy pamiętać, że nie zawsze należy uważać branże - lub sektory - o wysokim wzroście za atrakcyjne. Chociaż oferują one wiele możliwości, istnieje ryzyko silnej konkurencji w bliższej lub dalszej przyszłości.

Określenie i ocena struktury branży

- Jaki jest stopień opłacalności?

- Kto kontroluje i wpływa na siły?

- Jak długo ta analiza będzie aktualna?

Analizuj ostatnie i potencjalne zmiany w branży

Zmiany w obrębie branży mogą być nagłe, dlatego należy wziąć to pod uwagę, a kryteria analizy powinny być stale aktualizowane. Analiza może wydobyć na światło dzienne krytyczne czynniki sukcesu, które pozwolą firmie wypracować trwałą i kluczową przewagę konkurencyjną.

 **DOBRZE WIEDZIEĆ**

Podczas tej analizy może wystąpić wiele błędów wynikających z:

niedokładne zdefiniowanie branży;

wymienianie aktorów, a nie angażowanie się w prawdziwą analizę;

ignorowanie ewolucji branży;

mylenie skutków i przyczyn;

ignorowanie tendencji występującej w sektorze.

Ponadto, taka analiza powinna odnosić się do zasad ekonomicznych, które mają zastosowanie do każdej z sił. Narzędzia analizy konkurencji wewnątrzgałęziowej, nowych podmiotów i substytutów obejmują teorię gier i organizację przemysłową. Jeśli chodzi o badanie wpływu klientów i dostawców, to wywodzi się ono z teorii relacji pionowych przedsiębiorstwa.

Model jest przede wszystkim bazą do podejmowania wyborów strategicznych. Wiele decyzji tego typu może więc wynikać z takiej analizy, a do najczęstszych należą:

- **(Re)pozycjonowanie firmy.** Po dokonaniu analizy i w celu przewyższenia swoich konkurentów, menedżerowie mogą zdecydować się na (re)pozycjonowanie swojej firmy poprzez różnicowanie, czy to poprzez koszty, czy inną przewagę konkurencyjną, która pozwoli im uciec przed oddziaływaniem pewnych sił, a tym samym zagwarantować zyski w długim okresie.

- **Posiadanie nowego, niewykorzystanego segmentu przemysłu.** Inwestując w niszę, która pozostaje niewykorzystana, firma może zapewnić sobie wyższy zwrot z inwestycji.

- **Oddziaływanie na siły działające na jej korzyść.** Chociaż manewr ten jest raczej trudny, firma może próbować zmienić i wpłynąć na siły na swoją korzyść, głównie poprzez podpisanie partnerstwa z innymi interesariuszami w celu zmniejszenia poziomu konkurencji wewnątrzgałęziowej lub poprzez wykupienie nowych podmiotów. Aby zmniejszyć siłę dostawców, firma może zdecydować się na włączenie części ich działalności do własnego łańcucha wartości.

Wreszcie, z punktu widzenia przedsiębiorcy, analiza ta będzie zaangażowana w znacznie szerszą ocenę strategiczną i obejmie np. analizy SWOT (mocne, słabe strony, szanse i zagrożenia) oraz PESTLE (polityczne, ekonomiczne, społeczno-kulturowe, technologiczne, prawne i środowiskowe), które pozwalają na określenie szans i zagrożeń, jakie mogą pojawić się w danym sektorze.

STUDIUM PRZYPADKU - BRANŻA E-CZYTNIKÓW

Aby zobrazować tę teorię, przyjrzyjmy się rynkowi e-readerów (czyli czytników książek elektronicznych).

CZY WIEDZIAŁEŚ?

E-czytnik to urządzenie elektroniczne służące wyłącznie do czytania książek cyfrowych (e-booków). Produkt ten, skonstruowany w latach 90. przez dwóch włoskich uczonych, nie odniósł oczekiwanego sukcesu, gdy został wprowadzony na rynek francuski pod koniec lat 90. Dopiero pod koniec XX wieku, najpierw w Stanach Zjednoczonych, a następnie w Europie, pojawiła się większa różnorodność e-booków. Francja, choć wolniejsza od krajów anglosaskich w przyjmowaniu nowego produktu, ma obecnie stale rosnącą liczbę czytników cyfrowych.

Przed branżą księgarską, która w ostatnich latach zmieniła się diametralnie z powodu trudnej sytuacji gospodarczej, stoją istotne wyzwania. Wśród nich najważniejszym jest niezwykły rozwój handlu internetowego i zamknięcie wielu księgarń. Samo pojawienie się czytelnictwa cyfrowego stanowi wyzwanie dla tradycyjnych modeli biznesowych. W 2012 roku roczna sprzedaż e-czytników w USA wyniosła 25 milionów, a szacuje się, że w 2013 roku 32% Amerykanów będzie posiadało e-czytnik, a ponad połowa tablet. Tamtejszy rynek e-czytników jest obecnie uważany za dojrzały.

Jakie są podstawowe siły w tej konkretnej branży? Które podmioty wywierają presję? Które firmy przyspieszają trendy?

* **Siła przetargowa klientów.** W tym przypadku - czytników cyfrowych - natężenie tej siły należy uznać za średnie. Biorąc pod uwagę niewielką liczbę sprzedawców dla bardzo dużej liczby czytników, wpływ klientów przenoszących się na inny rodzaj urządzenia do czytania jest jedynie umiarkowany. Średnia wielkość zakupu czytnika cyfrowego nie jest bowiem na tyle znacząca, by w przypadku zmiany zdestabilizować podmiot z branży. Niemniej jednak koszt przeniesienia, który odpowiada wysiłkowi, jaki musi podjąć czytelnik, aby przejść do konkurenta, jest stosunkowo wysoki, biorąc pod uwagę istniejące ekosystemy; czytelnik ma tendencję do preferowania księgarni powiązanej z jego czytnikiem elektronicznym. Jeśli więc nabywca rozstaje się ze swoim pierwszym modelem (np. Kindle, kojarzonym z księgarnią Amazon), będzie mu bardzo trudno przenieść posiadane już książki na nowe urządzenie do czytania, jeśli zdecyduje się na inną markę.

* **Siła przetargowa dostawców.** Siła przetargowa dostawców z firmami aktywnymi na rynku e-czytników jest również stosunkowo niska, ponieważ jest bardzo mało prawdopodobne, aby integrowali oni działania w dalszej części swojego łańcucha dostaw. Ponadto, gdyby dostawcy znacząco podnieśli swoje

ceny, przedsiębiorstwa nie miałyby problemów ze znalezieniem innych, równie wykwalifikowanych dostawców, ponieważ branża ta jest bardzo skoncentrowana.

- **Substytuty.** Z tego względu, że wiele innych produktów może zastąpić e-czytniki, począwszy od książek papierowych i tabletów, trudno jest zdobyć lojalność klientów w dłuższej perspektywie czasu. Dokładniej rzecz biorąc, e-czytniki, które od kilku lat nie wykazują rozwoju technologicznego, są w znacznym stopniu zagrożone wyparciem przez smartfony, które mają nie tylko podobne funkcje, ale i kilka dodatkowych. Mówiąc ogólniej, czytelnictwo stanowi konkurencję dla wszystkich ofert spędzania wolnego czasu. Zagrożenie substytutami jest szczególnie duże, gdyż z każdym rokiem maleje liczba czytelników.

- **Nowe podmioty.** Ten rynek, który jest rynkiem niszowym, nie może wspierać zbyt wielu wejść nowych graczy. Niektóre grupy prekursorów mają już ugruntowaną pozycję na tym dojrzałym rynku i zajmują dużą część rynku globalnego, tak że konkurowanie z nimi jest stosunkowo trudne. W istocie, dla nowych uczestników rynku wyzwanie jest podwójne, ponieważ muszą oni od początku dysponować bardzo dużym kapitałem finansowym na produkcję oraz muszą produkować bardzo duże ilości jednostek, aby odnieść sukces na rynkach skali. Taki scenariusz jest możliwy tylko wtedy, gdy wartość tworzona przez tych nowych uczestników rynku jest masowo postrzegana przez klientów, którzy mogą ją uznać za zasadniczą przewagę. Zagrożenie ze strony nowych podmiotów jest stosunkowo niskie.

- **Konkurencja wewnątrz branży.** Branża e-czytników jest wysoce konkurencyjna, gdzie niewielka liczba globalnych graczy dzieli rynek. Na rynku niewątpliwie dominuje Amazon Kindle, którego wskaźnik penetracji wynosi około 40%. Do niedawna za nim plasowały się PanDigital, Nook firmy Barnes and Noble oraz Sony, a inni posiadali jedynie pozostałe 20%. Rywalizacja została zaostrzona, gdy w lutym 2014 roku Sony ogłosiło zakończenie produkcji swoich e-czytników w USA, przytłoczone szczególnie silną presją właściwą dla rynku e-czytników. Baza klientów firmy została wówczas przeniesiona do jej dotychczasowego rywala - Kobo.

Branża e-czytników w ciągu kilku lat osiągnęła dojrzałość. Obecnie w rękach kilku podmiotów, które prowadzą bezlitosną wojnę, jest już zalewana niepokojącą liczbą substytutów. Jest więc bardzo prawdopodobne, że wkrótce będziemy świadkami lekkiego spadku rentowności tego rynku, ale także stopniowego ograniczania inwestycji w tym sektorze na rzecz innych podobnych technologii o bardziej obiecujących perspektywach. Amazon, świadomy tej zmiany, wydaje się już podejmować pewne strategiczne decyzje w tym kierunku, wprowadzając na rynek swój tablet i smartfony.

PODSUMOWANIE

- Opracowany przez Michaela E. Portera w 1979 roku i uważany za jeden z teoretycznych fundamentów obecnej strategii, model ten pozwala na analizę otoczenia konkurencyjnego danej branży.

- Pięć sił - a mianowicie siła przetargowa klientów i dostawców, zagrożenie ze strony produktów substytucyjnych, nowe podmioty wchodzące na rynek i wreszcie rywalizacja wewnątrz branży - zostały wyartykułowane w tym modelu, aby zapewnić firmom wytyczne do rozważań i możliwość zrozumienia interakcji w ramach ich branży.

- Oprócz wsparcia w wizualizacji konkurencji i cieszenia się rentownością branży, model ten wspiera myślenie liderów biznesu, którzy chcą dopracować swoje strategie w długiej perspektywie czasu.

- Tak dobry, jak się wydaje, model Portera ma jednak swoje ograniczenia, w tym tendencję do niedoceniania szans, supremacji branży w stosunku do firmy oraz ingerencji czynników wpływających na popyt.

- Do tego modelu może dołączyć szósta siła: rząd. Może on bowiem oddziaływać na relacje ekonomiczne między podmiotami w ramach danej branży, a tym samym pośrednio na jej rentowność.

PRZECZYTAJ TAKŻE

BIBLIOGRAFIA

Besanko, D., Dranove, D., Shanley, M. i Schaefer, S. (2013) *Ekonomia strategii*. [6. edycja]. Hoboken: Wiley.

Magretta, J. (2011) *Comprendre Michael Porter. Concurrence. Stratégie*. Paris: Eyrolles.

Porter, M. E. (1986) *Competition in Global Industries*. Boston: Harvard Business Press.

Porter, M. E. (2008) *Competitive Strategy*. New York: Free Press.

Porter, M. E. (2008) Pięć sił konkurencyjnych, które kształtują strategię. *Harvard Business Review*. [Online]. Dostęp 5 grudnia 2016]. Dostępny w: < http://www.exed.hbs.edu/assets/documents/hbr-shape-strategy.pdf>.

Porter, M. E. (1991) Towards a Dynamic Theory of Strategy. *Strategic Management Journal*. 12(S2).

Chcemy usłyszeć od Ciebie, co się dzieje!
Zostaw komentarz na temat swojej internetowej biblioteki
i podziel się swoimi ulubionymi książkami w mediach społecznościowych!

Wydawca zapewnia o wiarygodności publikowanych informacji, co jednak nie może wiązać się z jego odpowiedzialnością.

Master ISBN : 9782808066365
Papierowy ISBN : 9782808066655
Depozyt prawny: D/2022/12603/136

Projekt cyfrowy: Primento - cyfrowy partner wydawców.